UNSERE FAMILIE

Ein Bilderbuch von Carl Larsson

Text von Lennart Rudström

Übersetzt und bearbeitet von Karin Schreiner

Verlag Friedrich Oetinger · Hamburg

Dies ist die Geschichte von dem Maler Carl Larsson und den Bildern, die er von seiner Familie und sich gemalt hat.
Carl Larsson wurde am 28. Mai 1853 in Stockholm geboren. Die ersten Augenblicke seines Lebens hat er so beschrieben: *»Und ich war bleich und kalt und steif und tot, doch nach einem Klaps ward ich wieder rot.«* Auf der Zeichnung hier sieht man, wie es wohl damals gewesen ist, als die Hebamme ihm einen Klaps auf den Po gab, damit seine Lungen sich mit Luft füllten und er zu atmen begann.
Der kleine Carl wuchs im Stockholmer Armenviertel Östermalm auf und erlebte schon als Kind, was Krankheit, Armut, Not und Angst bedeuteten. Schweden war damals ein sehr armes Land, und viele Menschen lebten in größtem Elend. Als Carl zehn Jahre alt war, herrschte in Stockholm die Cholera. Jeden Tag holperten die Leichenwagen über das Kopfsteinpflaster der engen Gassen, und auch Carl lernte schon früh den Tod kennen. Ein kleines Mädchen, mit dem er gespielt hatte, starb an dieser schrecklichen Krankheit.
Sehr viel später, als er schon ein erwachsener Mann war, hat Carl Larsson ein Buch über sein Leben geschrieben. Von seiner Kindheit konnte er nicht viel Schönes erzählen. Aber an Hauptmann Ärtman erinnerte er sich gern, denn er hatte ihm bei seinen Besuchen Bleistiftstummel und Papier mitgebracht, die er heimlich in der Kaserne für Carl stiebitzt hatte. Und dann erinnerte Carl sich auch noch an die Nachbarin, eine Näherin, bei der er manchmal gewesen war. Dort hatte er sich in die geheimnisvolle Welt der Modeplakate hineingeträumt, die bei der Nachbarin an der zerrissenen Tapete hingen.
Zuerst kam Carl in die Vorschule und danach in die »gebührenfreie Armenschule«. Er zeichnete und malte, und sein Lehrer machte ihm Mut. Als er dreizehn Jahre alt war, ging sein größter Wunsch in Erfüllung: Er durfte in den Vorbereitungskurs der Kunstakademie gehen. Denn Carl wollte Künstler werden, das stand schon sehr früh für ihn fest – und er wurde sogar einer der berühmtesten Künstler in Schweden.
Hier steht er nun, mit der quietschvergnügten Brita auf dem Kopf, eingerahmt von seinen Söhnen Ulf und Pontus und seiner Frau Karin mit der kleinen Kersti. Carl Larsson war nämlich nicht nur ein stolzer Künstler, sondern auch ein stolzer Familienvater. Er wurde nie müde, Frau und Kinder zu malen.

ULF och PONTUS
Febr. 1894.

C. L.
BRITA
AETATIS SVE 42
A° 1895

KARIN
KERSTI

Suzanne war Carls und Karins erstes Kind. Über ihre Geburt hat Carl Larsson geschrieben: »*Am 11. August hat Karin ein kleines Mädchen bekommen – dick und rund... Karin hat keinen einzigen Schrei von sich gegeben. Jetzt bin ich der glücklichste Mensch der Welt! Ich schlage Rad und mache Purzelbäume! Aber nun bin ich davon müde und vor lauter Glück.*«
Suzanne wurde in Frankreich geboren in dem kleinen Dorf Grez, wo die Larssons damals zusammen mit anderen Künstlern aus Europa und Amerika in einer Großfamilie lebten. Sie alle hatten wenig Geld und halfen einander, so gut es ging. Karin und Carl lebten von dem, was Carl für seine Zeichnungen bekam. Er illustrierte damals schwedische Märchen und Abenteuergeschichten.
Suzanne war erst vier Tage alt, als ihr Vater sie zum erstenmal zeichnete. Das Bild, das wir hier sehen, ist allerdings in den Weihnachts- und Neujahrstagen 1884/85 entstanden. Die meisten Bilder von seiner Familie hat Carl mit einfachen Wasserfarben gemalt. Man nennt solche Bilder Aquarelle. Aber für dieses »Atelieridyll« von Karin und Suzanne hat er Pastellkreide, gewöhnliche trockene Farbstifte, benutzt. Er verwendete ein besonderes Papier, das einen leichten Grauton und eine etwas »flaumige« Oberfläche hatte.
Die kleine Suzanne kuschelt sich an ihre Mutter. Durch das Atelierfenster fällt das Licht auf Karins Haar, es spielt in ihren weichen Locken und leuchtet auf ihrer Nasenspitze. Und es leuchtet auf Suzannes blonden Haaren, ihrer Stirn und ihren Wangen. Es leuchtet so hell, daß man meinen könnte, es spiegelt sich in Karins Wange und Kinn. Diese hellen Lichtflecke hat der Maler ganz zum Schluß mit weißer Pastellkreide gemalt.
Genauso hell leuchtet Suzannes Haarschopf auf dem schmalen Ölbild daneben. »Kleine Suzanne« hat der Maler es genannt. Ursprünglich war es ein ganz anderes Bild, größer und ohne Suzanne und Karin. Aber weil Carl Larsson nicht zufrieden war mit dem Bild – es war so leer und langweilig –, schnitt er den Streifen mit dem Stuhl heraus und setzte die kleine Suzanne darauf. Jetzt gefiel es ihm, und es war auf einmal ganz lebendig.
Suzanne war neun Monate, als die Familie nach Schweden zurückkehrte. Die beiden Bilder von ihr wurden auf Ausstellungen gezeigt und hatten großen Erfolg.

In den nächsten Jahren mußte Carl Larsson hart arbeiten, denn noch immer hatte er zu wenig Geld. Er illustrierte Bücher, machte Illustrationen für Zeitungen und unterrichtete als Kunstlehrer, um seine Familie zu versorgen. Für Porträts von Karin und Suzanne blieb da nicht viel Zeit.
In Stockholm wohnten die Larssons in einer winzigen Wohnung. Sie war so klein wie ein Schrank, hat Carl Larsson einmal gesagt. Die Bücher mußten in der Küche untergebracht werden, denn im kleinen Eß- und Wohnzimmer stapelten sich schon Carls Malsachen. Und zwischen all den Pinseln und Farben spielte Suzanne.
Im Herbst 1886 bekam Carl eine Stelle als Lehrer an Valands Kunstschule in Göteborg. Die Familie zog dorthin und freute sich über die größere Wohnung. Endlich hatte Carl mehr Platz für seine Malsachen. Hier kam sein Sohn Ulf 1887 zur Welt. Ein Jahr später, als Karin und Carl wieder in Frankreich waren, wurde Pontus geboren. Zu dieser Zeit entstand die Radierung oben.
Dazu zeichnete Carl Larsson Pontus auf eine Kupferplatte, die mit Bienenwachs und Ruß bestrichen war. Anschließend behandelte er die Platte mit verschiedenen Säuren, so daß die Linien in das Kupfer eingeätzt wurden. Zum Schluß legte er die Platte in eine Druckpresse und konnte so viele Bilder drucken, wie er wollte. Die verschickte er dann als Neujahrsgruß zum Jahre 1889.
Ein Jahr später malte er das Ölbild »Pontus auf dem Fußboden«. Pontus hat alles um sich herum vergessen. Er sitzt auf dem Flickenteppich und spielt mit seiner Puppe und einem kleinen Holzpferd. Erstaunt sieht er sich um, als sein Vater mit den Farben und der Staffelei ins Zimmer kommt.
Aber Pontus blieb natürlich nicht so lange sitzen, bis das Bild fertig war. Ölfarben trocknen sehr langsam, und der Maler muß manchmal mehrere Tage warten, ehe er auf der Grundierung mit den anderen Farben weitermalen kann. Von dieser Szene hat Carl Larsson wahrscheinlich schnell eine Skizze gemacht und sie später aus dem Gedächtnis gemalt.
Zu dieser Zeit arbeitete Carl Larsson fleißig an Skizzen zu großen Wandmalereien, die das Nationalmuseum in Stockholm bestellt hatte. Er war so beschäftigt, daß er sich gar nicht recht um Pontus kümmern konnte, und das tat ihm sehr leid. Später schrieb er: »*Mittendrin wurde Pontus geboren. Diesmal hatte ich keine Zeit, mit einem kleinen Kind zu spielen. Vielleicht ist der Junge deshalb ein wenig schroff und stumpf geworden, auch wenn er sonst ein feiner Kerl ist.*«

Die Familie wuchs weiter. Lisbeth wurde geboren, und im Mai 1893, als Karin und Carl in Marstrand an der schwedischen Westküste Ferien machten, kam die kleine Brita zur Welt. Hier auf dem Bild gibt Karin ihr die Brust. Carl schrieb über sein Aquarell: *»Die arme Karin hat es sich in der Sofaecke so bequem wie möglich gemacht. Kluck-kluck macht es. Das ist die zwei Wochen alte Brita. Draußen in den Felsen lacht die Maisonne, aber Karin sieht düster und nachdenklich aus.«*
Noch etwas Wichtiges war geschehen. Karins Vater hatte ihnen ein Häuschen in Sundborn, einem Dorf in der mittelschwedischen Landschaft Dalarna, geschenkt. Es sollte ein schönes Sommerhaus für die ganze Familie werden. Also mußte angebaut, gezimmert und gestrichen werden. Carl bekam ein schönes großes Atelier. Und für jedes neue Familienmitglied wurde noch ein Zimmer angebaut. Den größten Teil der Arbeit machte Karin allein mit den Handwerkern, denn Carl hatte mit seiner Malerei alle Hände voll zu tun. Er malte die »Geschichte der Frau« auf die Treppenhauswände der Mädchen-Grundschule in Göteborg. Er illustrierte das Buch »Lieder und Weisen« von Elias Sehlstedt, einem Zollaufseher, der in seiner Freizeit Lieder und Verse schrieb. Zu einem dieser Verse zeichnete Carl diese lustige Kuh. Außerdem unterrichtete er noch immer als Lehrer an Valands Kunstschule.
Für die Illustrationen zu Sehlstedts Buch brauchte er viele Jahre, aber sie machten ihm auch besonderen Spaß. Und als er endlich die Probedrucke erhielt, sagte er: *»Wenn man seine Kunstwerke so unter die Leute bringen kann, dann pfeife ich darauf, Gemälde zu malen.«*
Die Sommermonate verbrachten die Larssons in Sundborn. Für die Kinder war das eine herrliche Zeit – sie streiften durch Felder und Wiesen, sie ruderten und angelten und badeten im Fluß. Wie für Carl die Tage in Sundborn aussahen, hat er so beschrieben: *»Du liebe Zeit, was für ein Sommer! – Die Tage rennen, einer wie der andere! Am Morgen springt man in den See, ißt seine Hafergrütze und sieht nach jeder Blume und jedem Blatt auf seinem Besitz, ob sie über Nacht gewachsen sind. Und dann mit der Staffelei und allem anderen Krimskrams hinaus auf Motivsuche.«* Den ganzen Tag arbeitete er, nur zu den Mahlzeiten machte er kleine Pausen, dann malte er weiter, bis es dunkel wurde. Manchmal konnte es recht spät werden, vor allem zur Mittsommerzeit, wenn die Sonne in Dalarna kaum richtig untergeht. Als Maler muß man das Tageslicht nutzen, solange es da ist.

Mit Suzanne hatte alles angefangen, und mit ihr ging auch alles weiter. Als sie zehn Jahre alt war, malte Carl Larsson ein neues Bild von ihr. Dieses Bild sah zufällig ein Verfasser von Theaterrevuen namens Henriques. Es gefiel ihm so gut, daß er genauso ein Bild bei dem Maler bestellte. Und dieses zweite Bild bekam zufällig der Kaufmann Pontus Fürstenberg aus Göteborg zu sehen, und der war so begeistert, daß er gleich von jedem Larsson-Kind ein Porträt bestellte. Aber mit der Zeit fand Fürstenberg, daß es allmählich zu viele Kinder wurden – fast jedes Jahr kam eins dazu. Er sagte zum Maler Larsson: »*Wenn Sie es sich leisten können, so viele Kinder zu bekommen, kann ich es mir noch lange nicht leisten, alle diese Porträts zu kaufen.*«

Aber das kümmerte Carl Larsson nicht. 1894 malte er die kleine Lisbeth in ihrem roten Kleid mit rotweißgestreifter Trägerschürze und roten Strümpfen – und ihrer roten Puppe. Dazu schrieb er: »*Lisbeth, der Schelm, ist wie ein kleiner Troll, der in der Sonne leuchtet. Es glitzert und funkelt um sie herum, und perlendes Lachen erklingt. Es wird gekichert, und wo sie auftaucht, gibt es keinen Kummer.*«

Aus dem gleichen Jahr stammen auch das Bild von Ulf und Pontus auf der ersten Seite und das Porträt von der ernsten Suzanne. Suzanne sieht sehr feierlich aus in ihrem dunklen Kleid, doch sie scheint nicht so recht einverstanden zu sein, daß sie schon wieder Modell stehen soll. Es ist so langweilig auf dem Hocker. Hoffentlich dauert es nicht zu lange, mag sie denken und zupft am Stoff ihres Kleides, denn ganz still kann sie die Hände wirklich nicht halten.

Modell stehen konnte aber auch sehr lustig sein. Für die vielen großen historischen Gemälde, die Carl Larsson für Schulen, Theater und Museen malte, brauchte er lebendige Modelle. Dazu mußten die Kinder die historischen Kostüme, die Karin nach alten Vorlagen entworfen und genäht hatte, anziehen.

In Sundborn gab es einen ganzen Schuppen voll von solchen Kostümen. Wenn das Wetter einmal so schlecht war, daß die Kinder drinnen spielen mußten, brauchten sie nur in den Schuppen zu gehen und konnten sich die schönsten Kostüme aussuchen. Im Nu verwandelten sie sich in edle Ritter und stolze Prinzessinnen und vergaßen, daß die Welt draußen grau und trüb aussah.

LISBETH

SUZANNE

Das Jahr 1894 brachte einen schlechten Sommer. Sechs Wochen lang regnete es ununterbrochen. Und Carl Larsson hatte schlechte Laune, weil er nicht draußen malen konnte. Da schlug Karin ihm vor, Bilder aus ihrem Haus in Sundborn zu malen. Das tat er dann auch, und auf fast jedem Bild waren Karin oder eins der Kinder und manchmal auch er selbst zu sehen.

Im Herbst desselben Jahres zeigte er diese Bilder auf seiner ersten großen Ausstellung in Stockholm. Sie hatten solchen Erfolg, daß er sie fünf Jahre später in einem Buch veröffentlichte. »Unser Haus« nannte er es.

Sehr schnell wurde das Buch in vielen anderen Ländern bekannt. Viele Menschen glaubten, daß in diesem schönen, heiteren Heim nur fröhliche und glückliche Menschen leben konnten, ohne Kummer und ohne Zank. Aber wie überall auf der Welt gab es auch in Sundborn Sorgen und Leid. Carl Larsson wurde von Zeit zu Zeit schwermütig und mutlos, und diese Stimmung hat er auch auf einigen Selbstbildnissen dargestellt. Das kleine Bild zeigt ihn als »Schreibgespenst«.

Auf dem anderen Bild steht Lisbeth – der kleine Schelm, um den herum es »leuchtet und glitzert« und der es schwerfällt stillzuhalten. Mucksmäuschenstill steht sie da, denn sie wartet auf den alten Hecht. Der Sundbornfluß ist wie ein Spiegel so glatt. Kein einziger Laut dringt von der Insel Bullerö herüber. Die weiche Sommerluft ist so klar und das Wasser so ruhig, daß die Birken sich im Fluß spiegeln. Dünne weiße Wolken gleiten über den Himmel. Sanft wiegt sich das Schilf in der leisen Strömung. Und dort unten – im Schilf versteckt – steht vielleicht der Hecht, den Lisbeth fangen will. Sie kann warten, ganz geduldig, bis er sich aus seinem Versteck hervorwagt.

Darüber vergißt sie, daß Carl hinter ihr steht. Er zeichnet mit Bleistift und Tusche und malt mit Wasserfarben. Er malt das Muster in ihrer Bluse und den Schatten auf ihrem Zopf und ihrem Rock. Dort, wo die Sonne auf ihre Mütze, auf ihre Locken und den Rock und ihre nackten Beine scheint, verdünnt er die Farben.

Der Angler in seinem Boot ist ein dunkler Fleck auf dem hell schimmernden Wasser. Von Zeit zu Zeit äugt Lisbeth zu ihm hinüber, als ob sie denkt: Hoffentlich kommt der Hecht zu mir und nicht zu ihm!

Carl Larsson hat Lisbeth so lebendig gemalt, daß man beinah an ihrem Rücken ablesen kann, wie sie um ihren Hecht bangt. Und wie ihm das gelungen ist, das hätte nur er selbst uns erklären können.

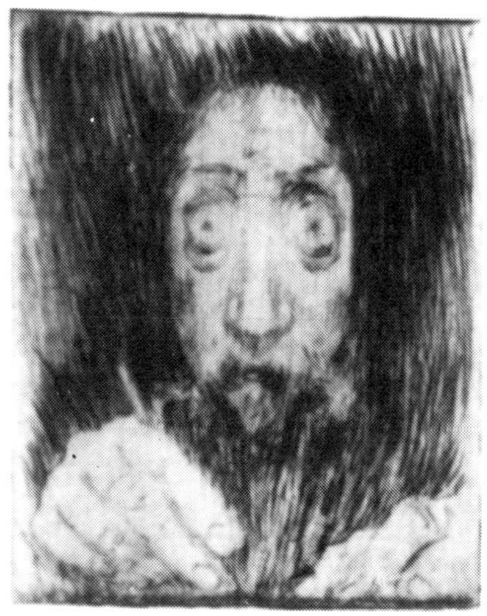

Die großen Wandmalereien im Nationalmuseum in Stockholm kosteten Carl Larsson viel Kraft. Jahrelang hatte er Motive entworfen, Skizzen gezeichnet und schließlich gemalt. Zuletzt arbeitete er von frühmorgens bis spät in den Abend. Jeden Morgen um vier Uhr kam ein Italiener namens Bellio und verputzte ein kleines Wandstück, auf dem Carl dann um sechs oder sieben Uhr mit dem Malen begann. Und er malte und malte, bis er vor Erschöpfung weinte. Carl war am Ende seiner Kräfte, als die Wandmalereien endlich fertig waren.
Aber die Mühe hatte sich gelohnt. Mit dem Geld, das er dafür bekam, kaufte er noch im selben Jahr, nämlich 1897, Spadarvet und Kartbacken, zwei kleine Bauernhöfe, die nur fünf Minuten von Familie Larssons Haus in Sundborn entfernt lagen. Auf Kartbacken sollten Carls Eltern einen schönen Lebensabend verbringen, und Spadarvet sollte als Bauernhof bewirtschaftet werden, wo man Kartoffeln und Gemüse anbauen und ein paar Kühe halten wollte. Das hatte Carl Larsson entschieden, und so wurde es gemacht. Im selben Jahr wurde Kersti geboren.
Aber hier steht Brita einige Jahre später vor der Hauswand von Spadarvet und futtert vergnügt ein Butterbrot. Eigentlich wollte sie nur schnell die Katze streicheln und dann nach Hause gehen, aber da kam Carl mit seiner Staffelei, und Brita mußte, so wie sie war, mit dem Butterbrot in der Hand, stehenbleiben. Carl machte eine Bleistiftskizze und zeichnete mit schwarzer Tusche die Konturen. Dann malte er mit Wasserfarben Britas blaues Kleid und blaue Mütze, ihre blonden Haare und die schwarzweißgefleckte Katze.
Nur gut, daß Brita nicht die ganze Zeit dazustehen brauchte, bis Carl die leuchtenden Sonnenblumen vor der roten Holzwand und den Fliederbusch neben dem grünen Lattenzaun gemalt hatte. Ganz zu schweigen von all den Topfblumen auf der Fensterbank und den Steinen rund um das Blumenbeet und den Spiegelungen auf den Fensterscheiben. Das alles malte er später, als Brita schon längst zu Hause war.

Es ist Spätsommer in Sundborn. Im Eßzimmer der Familie Larsson ist Ruhe eingekehrt. Die Kinder sind mit dem Essen fertig, aber sie sind so satt und schläfrig, daß sie noch am Tisch sitzen bleiben. Carl nutzt den Augenblick und fängt die zufriedene Müdigkeit nach dem Abendessen in einem Bild ein. Er malt den Tisch, so wie er nach dem Essen aussieht: die leeren Teller und Becher, den Milchkrug und das Brot, den Schinken auf der Platte, daneben den Senftopf und die Zuckerdose und die Pfeffermühle. Und mittendrin den bunten Blumenstrauß. Das alles malt er im Schein der Petroleumlampe, die hell in Kerstis Gesicht scheint. Und wenn man ganz genau hinsieht, entdeckt man Brita und Lisbeth zwischen der Lampe und dem Blumenstrauß.

Im Halbdunkel steht Karin mit einem Baby auf dem Arm. Das ist Esbjörn, das jüngste Familienmitglied. Er ist frisch gebadet und gewickelt und soll nur schnell gute Nacht sagen, dann wird Karin ihn ins Bett bringen.

Esbjörn wurde 1900 geboren. Im November desselben Jahres malte sein Vater das Bild daneben von ihm.

So ein fröhliches, rosiges Baby! Vergnügt strampelt er mit seinen runden Beinchen auf Karins Schoß. Karin hat ihn hübschgemacht und seine flaumigen Härchen zu einer Tolle hochgebürstet. Einen Strumpf hat Esbjörn schon abgeschüttelt und spielt mit seinen nackten Zehen.

Mit zarten Farben und leichten Pinselstrichen hat Carl Larsson seinen Sohn gemalt, so weich und warm und rosig, daß man das Baby fast riechen kann.

Esbjörn wuchs von Anfang an als einziger der sieben Larsson-Kinder in Sundborn auf. Zehn Jahre lang hatten die Larssons ihr Haus nur in den Ferien benutzt, doch zur Jahrhundertwende, im Winter 1900, zogen sie endgültig nach Sundborn. Noch einmal wurde angebaut. Carl bekam ein noch größeres Atelier, und aus dem alten Atelier wurde die Werkstatt, in der die Kinder hämmern und hobeln und weben konnten. Von nun an malte Carl Larsson fast alle seine Bilder zu Hause.

Schon seit vielen Jahren hatte er den Plan, das historische Ereignis von »Gustav Vasas Einzug in Stockholm« zu malen. Die erste farbige Skizze hatte er bereits 1891 gemacht, doch erst siebzehn Jahre später wurde daraus ein großes Gemälde. Die ganze Familie nahm an der Entstehung des Bildes teil. Eins der Mädchen stand Modell für das Blumenmädchen, das dem König den Kranz aufsetzt. Jedesmal, wenn Carl eine neue Person fertiggemalt hatte, wurde bei Larssons ein Familienfest gefeiert. Und da es auf dem Bild von Menschen wimmelt, muß das eine ziemlich lange fröhliche Zeit gewesen sein.

C.L.
SUNDBORN
1900

ESBJÖRN
NOV. 1900 I SUNDBORN

Derselbe Tisch. Dasselbe Eßzimmer. Und dieselbe Petroleumlampe auf dem Tisch. Aber es ist ein anderer Abend – ein dunkler Winterabend. Und es ist ein Jahr später.

Über Sundborn tobt ein Schneesturm. Carl hat zu diesem Ölgemälde erzählt: *»Draußen ist es fürchterlich. Es pfeift um die Ecken, und der Schnee ist kein Schnee, sondern gleicht Nadelstichen, die sich in die Augenwinkel bohren; und während man weint und jammert, peitschen einem die Kobolde den Rücken mit ihren Ruten. Da sehnt man sich nach einem schönen Kartenspiel!«*

Die Tür zum Wintergarten ist geöffnet. Drinnen brennen Kerzen, denn Karin und Carl haben Gäste eingeladen. Ob nun wichtiger Besuch aus Stockholm kommt oder ob der Nachbar Linderdahl und der Propst erwartet wird, das weiß man nicht so genau. Auf jeden Fall soll es ein gemütlicher Abend im behaglich warmen Haus werden.

Karin hat einen besonders schönen Tischläufer aufgelegt. Kaffeegeschirr, eine Kristallschale mit Äpfeln, Birnen und Weintrauben und eine große Kiste mit dicken Zigarren stehen bereit. Nun braucht sie nur noch die Likörflasche zu den Karaffen und Gläsern auf das Tablett zu stellen, dann kann der Besuch kommen.

Erwartungsvoll haben Brita und Kersti die Vorbereitungen beobachtet. Gar zu gerne hätten sie schon von dem Kaffeegebäck genascht, das so verlockend duftet. Aber sie müssen warten, bis die Gäste da sind.

Und ganz bestimmt ist es ein gemütlicher Abend in diesem schönen Eßzimmer mit seinen warmen grünen Wänden und leuchtendroten Möbeln geworden.

Dieses Bild hängt im Nationalmuseum in Stockholm. Fast alle Bilder in diesem Buch sind im Original in schwedischen Museen zu finden, sogar die kleine Skizze auf dieser Seite von Karin, wie sie ihre Tochter kämmt. Aber es gibt auch Bilder, die kein Museum und kein Privatsammler kaufen konnte, denn Carl hatte sie auf die Türen und Wände seines Hauses in Sundborn gemalt. Auf der Eßzimmertür war Esbjörns Porträt, und darüber stand: »Vet du vad – var god och glad.« Das heißt auf deutsch ungefähr: »Weißt du was – sei gut und hab Spaß.« Wenn man aus dem Vorraum in das Eßzimmer kam, konnte man auf der gegenüberliegenden Wand lesen: »Gottes Friede«. Und über einer anderen Tür stand: »Liebt einander, Kinder, denn die Liebe ist alles«. Und überall, wo es etwas kahl aussah, hatte Carl Blumen- und Blätterranken auf die Wände gemalt.

Guds Fred

Ja, manchmal war Carl Larsson wie ein verliebter Papa, der seine Kinder in allen Lebenslagen fotografiert. Häufig ließ er die Kinder Modell stehen – allein oder auch für ein Gruppenbild. Aber genauso häufig kam es auch vor, daß er eigentlich mit ganz anderen Dingen beschäftigt war und dann zufällig eine Szene im Vorbeigehen entdeckte, die er unbedingt malen mußte. Und daraus wurden dann manchmal richtige Schnappschüsse, fast wie beim Fotografieren. So wie dieses Bild von drei Malern bei der Arbeit – beobachtet und gemalt von einem vierten Maler. Suzanne steht mit Pinsel und grüner Farbe auf dem Stuhl und betrachtet gerade ihr Werk, eine Blumen- und Blätterranke. Und draußen vor den Fenstern sieht man die beiden anderen Maler, der eine halb durch den Fensterrahmen verdeckt und der andere mit den Füßen auf der Leiter.

Es ist ein warmer Sommertag. Suzannes langer blonder Zopf und ihr blauer Kittel leuchten im Sonnenlicht, das durch das kleine Fenster fällt. Es ist so hell, daß sogar der Stuhl einen Schatten auf den Fußboden wirft. Und der ganze Raum riecht nach frischer Farbe und Sommer.

Der alte Mann, der so mühsam auf seine Krücken gestützt den Pfad hinter üppig blühender Blumenpracht entlanggeht, ist Carl Larssons Vater. Nachdem seine Eltern nach Sundborn gezogen waren, malte Carl auch von ihnen mehrere schöne Bilder. Dieses Bild entstand einige Jahre nach dem Tod seiner Mutter. Carl hatte sie sehr gern gehabt.

Mit seinem Vater verstand er sich nicht so gut – und das kann man auch auf den Bildern erkennen, die er von ihm gemalt hat. Immer erscheint er so wie hier im Hintergrund, abgewandt oder tief gebückt, als ob Carl ihn eigentlich gar nicht auf dem Bild haben wollte.

Vielleicht hat Carl, wenn er seinen Vater malte, an die düstere Umgebung gedacht, in der er als Kind aufgewachsen war. So hat er sie selbst beschrieben: »*... ein Zimmer und eine Küche, mit großen Löchern in den Wänden, und diese Löcher voll mit Kakerlaken, ganzen Heerscharen von Kakerlaken und anderem Ungeziefer. Man kann nicht gerade behaupten, daß es sich gut leben ließ. Mama schluchzte, und Papa schlich düster und verlegen herum.*«

Und vielleicht hat er auch deshalb ein so helles und heiteres Heim für seine eigene Familie geschaffen und Bilder mit so viel Licht und Wärme und Schönheit gemalt, weil er sich so gut an diese düstere Kindheit erinnerte.

Die meisten Künstler haben so viele Ideen im Kopf, daß ihre Zeit nicht reicht, sie alle zu verwirklichen. Aber es kann auch passieren, daß ein Maler einen Auftrag bekommt, und gerade dann fällt ihm kein passendes Motiv ein.

Genauso war es, als Carl Larsson eines Tages ein Gemälde für die Aula des Humanistischen Gymnasiums in Göteborg malen sollte. Pontus Fürstenberg, derselbe, der damals die Kinderporträts bestellt hatte, war Mitglied in der Schulverwaltung und übermittelte Carl den Auftrag. Carl verbrachte eine unruhige Nacht, denn ihm fiel kein passendes Motiv ein. Erst am nächsten Morgen kam ihm eine Idee: »Sankt Georg und der Drache«. Schon sehr viel früher, nämlich 1886, hatte er dieses Motiv einmal für einen Ausstellungskatalog gezeichnet. Nun wollte er es für ein großes Gemälde verwenden.

Er machte sich an die Arbeit. Er zeichnete Skizzen, und Karin nähte historische Kostüme, und als alles fast fertig vorbereitet war, war alles umsonst gewesen: Plötzlich hatte Carl eine neue Idee.

Zufällig hatte er aus dem Fenster gesehen. Da fiel sein Blick auf eine Kinderschar, die mit Blumenkränzen und Sträußen in einer langen Reihe die Straße von Sundborn entlangging. Die Kinder waren auf dem Weg zur Schule, um sie für das Fest zum Abschluß des Schuljahres zu schmücken. Und die ganze Idee von Sankt Georg und dem Drachen fiel in ihm zusammen. Sie löste sich in nichts auf, wie Carl Larsson sagte.

Denn jetzt hatte er das richtige Motiv: ein Sommerbild mit vielen Kindern, beladen mit Blumen und Zweigen, so wie er sie draußen gesehen hatte, auf der Straße am Sundbornfluß, und im Hintergrund, zwischen den grünen Bäumen versteckt, die Kirche von Sundborn.

So entstand das Bild, das Carl Larsson »Draußen geht der Sommerwind« genannt hat. In einem langen Zug wandern die Kinder in der hellen Junisonne: voran der Junge mit der Matrosenmütze und einer Karre voller grüner Zweige; dann die Mädchen mit den Schrubbern und Eimern; in der Mitte Lisbeth mit dem Blumenkranz und neben ihr Brita mit einem Kornblumenstrauß; dann ein Mädchen mit einem riesigen Fliederstrauß und ein anderes mit einem blühenden Kaktus, den sie von zu Hause mitgebracht hat, und schließlich ein Junge mit einem (schweren) Bündel Fichtenzweigen und ein kleines Mädchen mit Wiesenblumen.

Die Kinder begegnen einer Frau in Trauerkleidung, einem Soldaten zu Pferde und einem Bettler. Denn: *»In diesem Bild sollte es eine Menge zum Nachdenken geben – für den Hausgebrauch«,* wie Carl Larsson sagte.

Für dieses Gemälde mußte Carl viele Skizzen machen, so wie diese von dem Mädchen mit dem Schrubber und Eimer, gezeichnet mit Kohle und Kreide. Das Gemälde ist elf Meter lang. 1903 wurde es in der Schule aufgehängt, und dort leuchtet es noch heute wie ein sonniger Junitag.

1903, im gleichen Jahr, als das Ölgemälde »Draußen geht der Sommerwind« fertig wurde, malte Carl Larsson das Aquarell »Mutter und Tochter«. Zwei so unterschiedliche Bilder vom selben Maler! Das Bild zeigt einen Ausschnitt aus Carl Larssons großem Atelier in Sundborn. Auf dem Stuhl sitzt Karin mit ernstem Gesicht. Sie hat die Hände in den Schoß gelegt und den Blick gesenkt. Zwei Schritte neben ihr steht Suzanne in ihrem dunklen Jackenkleid. Sie ist jetzt schon ein junges Mädchen. Ihre langen blonden Haare hat sie zu einem großen Nackenknoten aufgesteckt. Abwartend sieht sie ihre Mutter an.

Es ist eine Szene, wie sie in jeder Familie vorkommen kann. Mutter und Tochter sind verschiedener Meinung. Vielleicht sind sie zu Carl ins Atelier gekommen, um ihr Problem mit ihm gemeinsam zu besprechen. Worum es dabei gegangen ist und ob sie eine Lösung gefunden haben, das können wir nur vermuten. Aber wir können an Karins und Suzannes Gesichtern und auch an ihrer Körperhaltung erkennen, daß es sich um ein sehr ernstes Thema gehandelt hat.

Bei jedem Bild, das wir betrachten, können wir überlegen, was der Maler damit sagen wollte. Denn ein Bild erzählt eigentlich immer eine Geschichte, eine Geschichte ohne Worte. Auch wenn auf einem Bild nur Farben und Formen zu sehen sind, löst es in uns Gefühle und Gedanken aus. Wir können heiter und fröhlich werden oder still und nachdenklich.

Denn genau wie ein Schriftsteller seine Worte wählt, sucht ein Maler für seine Bilder ganz bestimmte Farben aus. Er mischt sie, bis er den richtigen Farbton gefunden hat. Oder er trägt sie direkt aus der Tube oder dem Farbkasten auf das Bild auf, so wie Carl Larsson es oft getan hat. Ganz anders als das große ernste Bild von Karin und Suzanne sind die kleinen Zeichnungen auf dieser Seite. Carl Larsson hat manchmal ganze Serien von den Kindern und ihren Streichen gezeichnet und kleine Verse dazu gedichtet. Und wenn er nicht mit seinen Ölgemälden und Aquarellen so großen Erfolg gehabt hätte, wäre er bestimmt ein witziger und sehr guter Comiczeichner geworden.

Auch in den folgenden Jahren arbeitete Carl Larsson weiterhin an großen Wand- und Deckengemälden, z.B. für das Dramatische Theater in Stockholm. Zwischen den großen Arbeiten malte und zeichnete er immer wieder Porträts und Szenen von seinem Familienleben.

Aber nicht immer brauchte er zu Pinsel und Farbe zu greifen, um einem Bild genügend Ausdruckskraft zu geben. Die Zeichnung von Esbjörn, der gerade Mumps hat, ist genauso lebendig wie Carls Ölgemälde und Aquarelle.

Esbjörn ist zwar krank, aber eigentlich findet er es ganz gemütlich, mit dem Schal um seine dicken Backen und in Decken eingepackt im Sessel zu sitzen und zu lesen. Er ist stolz darauf, daß sein Vater ihn so zeichnet, denn bestimmt gibt es in der ganzen Welt nicht viele Zeichnungen von einem kleinen Jungen mit Mumps.

Und das alles hat Carl Larsson mit einem einfachen Bleistift auf ganz normalem Papier erzählt!

Das Aquarell von Karin am Ufer malte Carl Larsson 1908, im selben Jahr, in dem »Gustav Vasas Einzug« fertig wurde. Drei Jahre zuvor war Ulf, der älteste Sohn der Familie, gestorben. Aber trotz der Trauer um Ulf und trotz aller anderen Sorgen wurden Carls Bilder in diesen Jahren immer klarer in den Farben. Sie leuchteten noch stärker als die früheren Bilder. Carl malte so klar und so hell, als wollte er seinen Kummer und seine Schwermut aufhellen.

Auf dem Bild »Karin am Ufer« hat Carl Larsson einen warmen Spätsommertag eingefangen. Traumverloren geht Karin am Ufer spazieren – in Gedanken ist sie weit weg. Der Sundbornfluß liegt ruhig und glatt wie ein Spiegel. Ein Stück vom Ufer entfernt sitzt eins der Mädchen mit dem Hund im Boot. Aber Karin bemerkt es nicht – sie lauscht in sich hinein.

Sie hängt dunklen Gedanken nach und sieht nicht das klare, leuchtende Wasser und auch nicht die leuchtenden roten und blauen Blumen am Wegrand. Und alles um sie herum leuchtet noch stärker, weil sie ein schwarzes Kleid trägt. Es ist, als würden Karins Hände und ihr Gesicht von den roten Blumen und dem roten Schotterweg in ein warmes Licht getaucht.

Das Bild strahlt so viel Ruhe und Stille aus, daß man meint, das leise Knirschen von Karins Schritten auf dem Uferweg zu hören.

Wir alle betrachten wie verzaubert solche Bilder voller Wärme und Schönheit. Aber Carl Larsson selbst genügte es nicht, diese kleinen »Papierfetzen«, wie er sie nannte, zu bemalen. Er sagte: *»Nein, natürlich nicht, ich träume von Wänden so groß wie ein ganzer Stadtteil, und ich hoffe, daß ich sie auf der anderen Seite des Grabes bekommen werde...«*

Und doch sind es gerade diese kleinen »Papierfetzen«, die ihn in der ganzen Welt so berühmt gemacht haben.

Aus dem kleinen rosigen Baby Esbjörn ist ein kräftiger junger Mann geworden. Hier sitzt er auf der Veranda und liest. Esbjörn ist achtzehn und gerade so alt wie das Jahrhundert. Dies ist eins der letzten Porträts, das Carl Larsson gemalt hat. Ein Sommerbild von Esbjörn, seinem jüngsten Sohn. Carl Larsson ist stolz auf ihn. In einem Jahr wird er sein Abitur machen. »Und dann wird er Bauer, so wie seine Vorfahren Bauern waren«, sagt Carl. Schon jetzt arbeitet Esbjörn auf dem Hof Spadarvet mit, wenn dort Hilfe gebraucht wird.

Auch Carl Larsson war älter geworden. Und immer häufiger war er müde und fühlte sich krank. Sein letztes großes Wandgemälde für das Nationalmuseum wollte und wollte nicht fertig werden. Immer wieder fing Carl von vorn an. Und wenn er gar nicht weiterkam, tat er das, was er schon immer getan hatte. Er ruhte sich aus, indem er die Menschen um sich herum malte. Er malte seine Freunde aus der Stadt und seine Freunde aus Sundborn: den Tischler und den Maler, die Bauern, den Distriktpolizeichef, den Küster, den Propst und viele andere. Und natürlich seine Familie. Er malte auch ein Selbstproträt, das zwischen all den anderen Porträts im Gemeindehaus von Sundborn hängen sollte.

Wie viele Menschen insgesamt für Carl Larsson Modell gewesen sind, wird man wohl nie genau erfahren. Aber auf allen seinen Bildern findet man seine Kinder und die Leute aus Sundborn.

Und doch malte Carl Larsson nicht mehr mit der gleichen Freude wie früher. Er sagte: »*... seit einiger Zeit habe ich eine regelrechte Abneigung gegen das Zeichnen und Malen. Wenn ich nach einem Kohlestift oder Pinsel greife, fallen sie auf den Boden. Es ist, als ob eine unsichtbare Hand mich zurückhält ...*«

Aber dieses Bild von Esbjörn reizte ihn. Vielleicht kam Carl auf die Veranda hinaus, um sich mit seinem jüngsten Sohn zu unterhalten. Esbjörn hatte es sich bequem gemacht; ein Kissen im Rücken, die Füße gegen das Geländer gestützt und das Buch auf den Knien. Es muß ein lustiges Buch gewesen sein, denn Esbjörn lächelt. Oder lächelt er nur, weil er sorglos und zufrieden ist? Es war schön dort im Schatten. Die Sonne schien nicht direkt auf ihn. Ein leichter Lufthauch brachte angenehme Kühlung. Es war ein wunderbarer Tag.

Carl Larsson ging ins Haus zurück und holte sein Aquarellpapier, den Bleistift und die Farben, um dieses Bild zu malen.

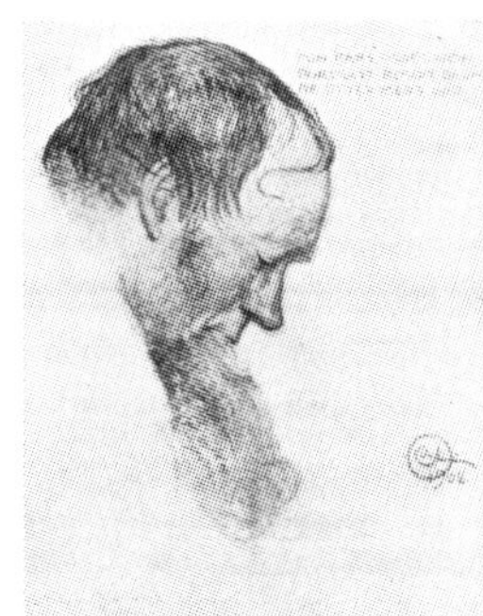

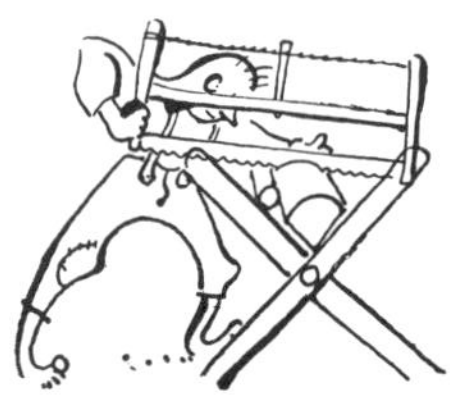

In diesen Zeichnungen, die zu einer ganzen Serie gehören, hat Carl Larsson die wichtigsten Ereignisse in seinem Leben von der Geburt bis zum Abschlußexamen an der Kunstakademie festgehalten. Dazu hat er diese Verse gedichtet:

»Und kam ich raus, ich alle Mädchen küßte! –
Das war das Allerbeste, das ich wüßte!
(Oh, Verzeihung)
Und alle Jungen, die ich sah, die biß ich;
wenn ihre Mütter kamen – ja, dann kniff ich!

Doch meistens mußt ich Holz sägen und hauen,
und selten nur bekam ich was zu kauen.
Und ich trug Wasser zu den alten Frauen rauf;
damit verdiente ich mir Geld zu Hauf.

Tagaus, tagein der Lehrer mich beschimpft,
und keiner wurd so oft wie ich vertrimmpft.
Doch einmal, plötzlich, hieß es: ein Genie!?
Nur malen wollte ich, sonst nichts, erkannten sie.«

Carl Larsson starb im Januar 1919. Er wurde knapp 66 Jahre alt.
Es gibt wohl auf der ganzen Welt keinen zweiten Künstler, der so viele Bilder von seinem Heim und seiner Familie gemalt hat. Mit offenen Augen und neugierig wie ein kleines Kind erlebte er seine Umwelt. Jeder Augenblick, jede Bewegung, jeder Gesichtsausdruck schien ihm wert, gemalt zu werden.
Vielleicht hatte Hauptmann Ärtman diese Neugier erkannt und deshalb dem kleinen Carl Bleistiftstummel und Papier mitgebracht. Zumindest hat er seinen Teil dazu beigetragen, daß aus dem kleinen Jungen ein großer Künstler wurde.

TILL EMMY SOM ETT MINNE AF
UNGARNA I SUNDBORN. AF

Die folgenden Werke wurden für dieses Buch als Quellenmaterial verwendet:

De mina och annat gammalt krafs (Carl Larsson) · Unser Haus (Carl Larsson) · Unser Hof (Carl Larsson) · Jag – en bok om och på både gott och ont av Carl Larsson · Carl Larsson skildrad av honom själv (En krönika sammanställd av Harriet och Sven Alfons) · Carl Larsson (Georg Nordensvan) · Carl Larsson som etsare (Axel L. Romdahl)

Die kursiv gedruckten Zitate sind dem obigen Quellenmaterial entnommen.

Die folgenden Institutionen haben das Bildmaterial zur Verfügung gestellt:

Göteborgs Konstmuseum: S. 3, 5 (rechts), 6, 11, 17 (rechts), 18, 26, Rückseite · Hvitfeldtska läroverket in Göteborg: Vorderseite, S. 23 · Malmö-Museum: S. 14, 27 · Nationalmuseum in Stockholm: S. 5 (links), 7, 13, 16, 19, 21 (rechts), 22 · Thielska Galleriet in Stockholm: S. 17 (links), 25 · Waldemarsudde in Stockholm: S. 9 · Carl-Larsson-Haus, Sundborn: S. 31 · Privatbesitz: S. 1, 15, 21 (links), 29

Die schwedische Originalausgabe erschien unter
dem Titel EN MÅLARE OCH HANS FAMILJ
Gesamtherstellung: Gris Impressores, S.A.R.L., Portugal
Printed in Portugal 1979
ISBN 3 7891 6125 X